Umschlagfoto aufgenommen von: Christoph Schrattenecker

Erste Auflage: Juni 2020

Autoren: Wilhelm Charwat; Thomas Friedrich Bauer

Herstellung und Verlag: BoD - Books on Demand, Norderstedt
ISDN: 9 783751 907989

9 783751 907989

3. Beim Stippfischen wird der Köder grundsätzlich unter der Rutenspitze auf das Wasser gesetzt - *Würfe* mit der Rute gibt es nicht oder kaum mehr.

4. Mit der Tenkararute können im Gegensatz zu der meist schwerfälligeren Stipprute fast alle Würfe, die aus der klassischen Fliegenfischerei bekannt sind ausgeführt werden. Eine Ausnahme stellt beispielsweise der sogenannte „Doppelzug" dar, denn hierfür ist eine Rolle erforderlich.

5. Moderne Tenkara-Ruten sind extrem dünn und leicht: Ihr bestechend geringes Gewicht liegt meist weit unter 100 (!) Gramm.

6. Die meisten Tenkara-Ruten verfügen über Korkgriffe, so wie die klassischen Fliegenruten, was bei Stippruten nicht der Fall ist.

7. Tenkara ist ein „aktives" Fischen, das heißt, man "sitzt nicht an", wie beim Stippen.

Wer sich nun einfach ein Starterset besorgt und damit loszieht, ohne über entsprechende Grundkenntnisse zu verfügen wird wahrscheinlich bald scheitern und dann sehr schnell die Lust an dieser sehr schönen und einfachen Art des Angelns verlieren. Dies ist der hauptsächliche Grund dafür, dass wir beschlossen haben, dieses Buch zu schreiben. Es soll eine Art Leitfaden sein, um Tenkara kennen zu lernen, besser zu verstehen und sich erste Grundkenntnisse darüber anzueignen. Das vorliegende Büchlein soll eine Hilfe für alle Tenkara-Interessierten sein, auch wenn es naturgemäß nicht die Erfahrung ersetzen kann, die man erst durch die Praxis am Wasser gewinnen wird.

Eine gute Informationsquelle sind auch die seit einiger Zeit existierenden Tenkara-Treffen, Infostände auf diversen Messen sowie Vorträge, bei denen man auch Anfängern gerne mit Rat und Tat zur Seite steht[2].

Bevor man mit Tenkara beginnt, sollte man sich allerdings nicht nur über dessen Möglichkeiten und Grenzen bewusst sein (dies versucht

---

[2] z.B. Fishing-Festival, Oberösterreichischer Fliegenfischertag

so gut es geht das vorliegende Büchlein zu vermitteln), sondern sich auch über die Gepflogenheiten des Reviers bzw. die Vorschriften des Gewässerinhabers informieren, denn Tenkara-Fischen ist durchaus nicht überall sinnvoll - und eben auch nicht immer erlaubt. Und nicht zuletzt erfordert Tenkara - wie jede andere Art von Fischen auch - eine gewisse Übung und ein spezielles Wissen über die Eigenschaften der verwendeten Materialien, sowie über Technik, Drill und Landung der gehakten Fische.

Wir hoffen, dir mit diesem Buch die für einen erfolgreichen Start in die Tenkara-Fischerei erforderlichen wichtigsten Grundlagen vermitteln zu können und dich vor allem mit jener Freude, Faszination und Begeisterung für Tenkara anzustecken, die wir das „Tenkara-Fieber" nennen und das schon viele unserer Anglerfreunde befallen hat.

Ausrüstung

Tenkara in seiner modernen Form ist schon für relativ wenig Geld ausübbar, im Gegensatz zum klassischen Fliegenfischen. Natürlich wird, wie so oft, auch die Ausrüstung (etwa Tenkara-Ruten) im sehr hohen Preissektor angeboten. Unsere Erfahrung hat jedoch gezeigt, dass selbst extrem günstige „No Name"-Tenkararuten z.B. aus China mit so mancher (viel zu) teuren Hochpreis-Rute durchaus mithalten können.

Die Rute (Tenkararute)

Moderne Tenkararuten sind aus hochmodulierter Kohlefaser gefertigt. Die meisten sind als Telerute ausgeführt, bestehen in der Regel aus mehreren Segmenten und weisen Längen zwischen 3 m und 4.5 m auf.

Tenkararuten wiegen meist nur zwischen 40 g und 90 g, somit ist ein ermüdungsfreies Fischen über viele Stunden hinweg möglich. Zusammengeschoben weisen Tenkararuten meist eine beachtlich geringe Transportlänge von nur etwa 30 cm bis 60 cm auf.

Abbildung 1 - Tenkara-Ruten

Der Handteil ist oft mit einem Korkgriff versehen, allerdings gibt es auch Modelle mit anderen Griffmaterialien, wie z.B. EVA-Material.

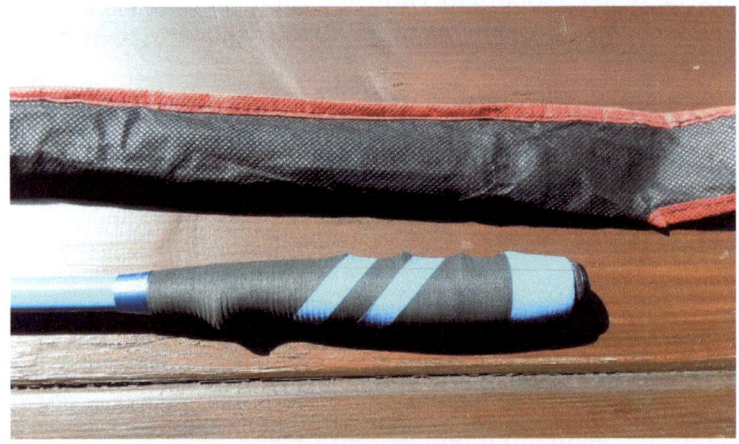

Abbildung 2 - Handteil einer modernen Tenkara-Rute (hier EVA)

Am Spitzensegment der Tenkararute ist ein etwa 5cm langes Geflechtteil, das sogenannte „Lilian" angebracht, welches zur Befestigung der Wurfleine dient.

Abbildung 3 - Lilian mit Knoten

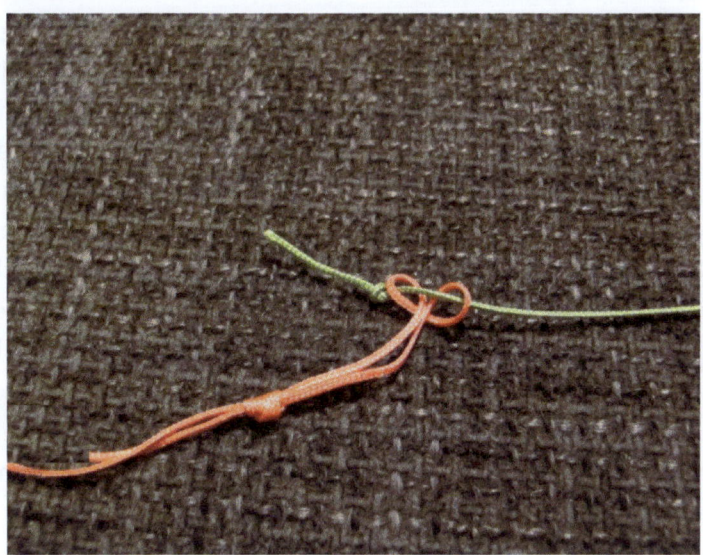

Abbildung 4 - Befestigung der Wurfleine am Lilian

Die Aktion der Ruten wird von „fast" (das sind härtere Ruten) über „medium" bis „slow" (das sind weichere Ruten) bezeichnet. Es gibt bei Tenkararuten keine Einteilung in Gewichtsklassen, wie dies bei klassischen Fliegenruten üblich ist sowie auch keine Angabe eines Wurfgewichtes. Tenkararuten werden nach ihrer Aktion (der sog. "Steifigkeit") der Rutensegmente eingeordnet und im Verhältnis der Anzahl der harten zu der Anzahl der weichen Rutensegmente klassifiziert.

So bezeichnet die Angabe 8:2 (80% zu 20% der Rutenlänge) eine sehr steife, harte Rute: Die erste Zahl gibt den Bereich der unteren (in Richtung Handgriff befindlichen) *harten* Segmente an, die zweite Zahl gibt den Bereich der oberen (in Richtung Spitze befindlichen) *weichen* Segmente an. Beim o.a. Beispiel (Verhältnis 8:2) handelt es sich naturgemäß eine sehr harte Rute, da nur der obere Bereich der Segmente (20%) weich ausgeführt, die restlichen 80% im Verhältnis dazu jedoch wenig biegbar sind.

Abbildung 5 - Spitzensegment

Allerdings weichen die Angaben der verschiedenen Hersteller oft weit voneinander ab und auch die „Härte", oder „Steifigkeit" der verwendeten Blanks ist von Hersteller zu Hersteller verschieden. Da kann es schon passieren, dass eine mit 6:4 ausgewiesene Rute „schneller", bzw. steifer ist, als ein mit 7:3 ausgewiesenes Exemplar eines anderen Herstellers. Wie so oft hilft auch hier nur ein „in die Hand nehmen" und ausprobieren.

Wie schon beschrieben sind die gebräuchlichsten Tenkararuten in Längen zwischen 3 m und 4.5 m im Einsatz. Es gibt am Markt aber auch kürzere Ruten ab etwa 2 m Länge und längere Ruten bis 6 m Länge und darüber. Gerade die längeren Ruten spielen bei uns aber kaum eine Rolle.

Daneben gibt es noch sog. „Zoomruten", die zwei, oder sogar drei Rutenlängen in sich vereinen. Durch ein spezielles Blankteil ist es möglich, diese Ruten, je nach Einsatzbedingung, auf die verschiedenen Längen zu fixieren, z.B. auf 2,6m, 2,9m sowie 3,2m Länge.
Allerdings ist bei vielen dieser Zoomruten das Wurf- und Drillverhalten in manchen Längeneinstellungen nicht mehr optimal im Vergleich zu Ruten ohne Zoomfunktion.

Es bleibt noch zu erwähnen, dass in Japan Tenkararuten auch heute noch immer aus Bambus gefertigt werden, sie sind naturgemäß als Steckruten ausgeführt. Am europäischen und amerikanischen Markt fehlt jedoch die Nachfrage nach derartigen Ruten, diese sind daher bei uns nur schwer erhältlich.

Für welche Rute man sich schlussendlich entscheidet, wird in erster Linie davon abhängen, an welchem Gewässer man damit fischen will und welche Fischarten in welchen Größen dort vorkommen.

An einem Bach, oder kleinerem Fluss, in dem kaum mit einem Vorkommen von Fischen über 40 cm Länge gerechnet werden muss, wird eine 3 m lange Rute ausreichen. Nicht zuletzt deshalb, da die Ufer solcher Gewässer sehr oft stark mit Pflanzen bewachsen sind, wodurch die die Handhabung mit längeren Ruten deutlich erschwert wird (Auswerfen, Drillen usw.).

An größeren Flüssen hingegen, wie etwa die Traun (Oberösterreich), oder die Salzach (Salzburg) wird eine längere, stärkere Rute Vorteile bringen (mehr Platz zum Agieren, größere Wurfweite erwünscht, Vorkommen kapitalerer Fische etc.).

Natürlich spielen aber auch hier persönliche Vorlieben eine nicht unwesentliche Rolle, gerade was Länge und Aktion der Rute betrifft.

Die Wurfleine

Wurden die Wurfleinen früher aus Tierhaaren, Darmsaiten, Seide oder Pflanzenfasern hergestellt, so werden heute (fast) nur noch Schnüre aus Kunststoff, hier besonders aus Polyamid, Fluorcarbon und Dyneema gefertigt. Man unterscheidet:

Geflochtene Schnur:

Traditionelle auf der Wasseroberfläche schwimmende Schnur, die zur Spitze hin verjüngt geflochten wird. Sehr oft ist die Schnurspitze färbig ausgeführt, um eine bessere Sichtbarkeit derselben zu gewährleisten sowie eine leichtere Bisserkennung zu ermöglichen. Es gibt diese Schnüre in verschiedenen Längen gebrauchsfertig samt eingeflochtener Befestigungsschlaufe zu kaufen.

Level-Line:

Diese Schnüre werden aus Fluorcarbon erzeugt, sinken im Wasser ab und sind parallel, also nicht verjüngend ausgeführt.

Sie sind meist auf Spulen von 20 m bis 50 m Länge erhältlich und können somit je nach Bedarf auf die jeweils gewünschte bzw. erforderliche Länge zugeschnitten werden. Sie werden in verschiedenen (auch leuchtenden) Farben hergestellt. Eingeteilt werden sie in Gewichtsklassen von #1,5 bis #5,5, wobei die Angabe einer niedrigeren Zahl ein leichteres Fernhalten der Schnur vom Wasser ermöglicht (die Anhaftung am Wasser ist geringer), eine höhere Zahl jedoch ein besseres Wurfverhalten ergibt (leichteres Auswerfen besonders bei Wind durch größeres Gewicht).

Die erforderliche Schlaufe zur Befestigung am Lilian muss bei den Level-Lines vor der Verwendung eingeknotet werden.

Soft-Line:
Hierbei handelt es sich um eine meist langsam sinkende, monofile (= aus nur einer Faser bestehende) Nylonschnur, die sich zur Spitze hin verjüngt und in verschiedenen Farben und Fertiglängen (3,3 m, 3,6 m, 4,0 m,…) erhältlich ist.

Fertig abgelängte Soft-Line-Wurfschnüre verfügen normalerweise am oberen Ende über eine Schlaufe zur Befestigung am Lilian.

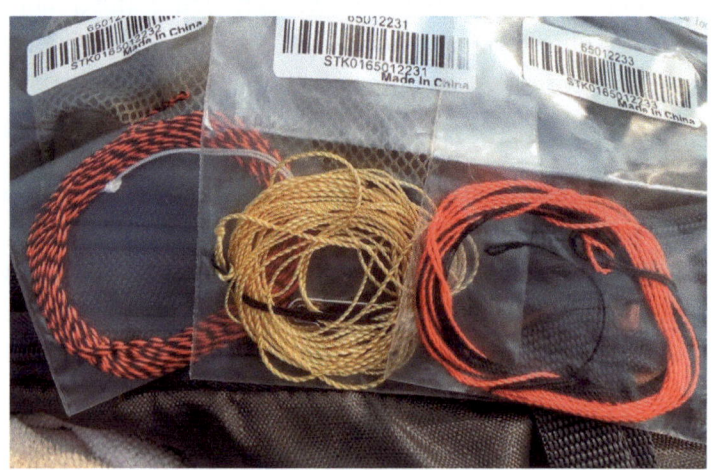

Abbildung 6 - Diverse Wurfleinen

Das Vorfach

Als Vorfach vor dem Köder (der Kunstfliege) kommt fast immer handelsübliches Monofil zum Einsatz. Länge und Stärke des Vorfachs richtet sich nach den Einsatzbedingungen und liegt in der Regel zwischen 1,5 m bis 2,0 m Länge und 0,12 mm bis 0,28 mm Dicke.

Das Vorfach wird entweder „Schlaufe-in-Schlaufe" an die Wurfschnur montiert, oder mittels Pitzenbauer-Ringerl angeknotet.

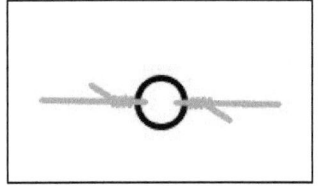

Ein Pitzenbauer-Ringerl ist nichts anderes als ein kleiner Metallring zum Verbinden zweier Schnüre und bietet den Vorteil, dass sich damit Schnüre aus unterschiedlichem Material gut miteinander verbin-

Abbildung 7 - Pitzenbauer-Ringerl den lassen.

Bei Verbindung von Schnüren aus unterschiedlichem Material mittels Knoten kann es nämlich vorkommen, dass sich dieser wieder löst.

Der Köder - die Fliegen ("Kebari")

Das japanische Wort „Kebari" bedeutet frei übersetzt etwa „Feder um einen Haken gewickelt" und beschreibt ein künstlich nachgeahmtes Insekt.

Untrennbar mit Tenkara verbunden ist die „Sakasa Kebari", eine sehr einfach gebundene Nassfliege, die nur aus einem Haken, einem Bindefaden und einer weichen Feder (meist vom Fasan oder Huhn) besteht.

Im Gegensatz zu unseren westlichen Fliegenmustern werden die Hecheln aber nicht in gerader Ausführung oder in Richtung Hakenbogen gebunden, sondern sind in Richtung Vorfach geneigt eingearbeitet.

Dadurch „spielen" resp. „pulsieren" die Weichhecheln schon beim kleinsten Zug verführerisch im Wasser, was bei diesem Fliegenmuster für die Fische vermutlich einen besonderen Anreiz zum Anbiss gibt.

Heute gibt es unzählige Arten und Versionen der „Sakasa Kebari", die wegen ihrer nach vorne gerichteten Hecheln auch als „Reverse Hackle" bekannt ist. Oft wird sie auch einfach als „Tenkarafliege" bezeichnet.

In Österreich wird man sie in einem Fischereifachgeschäft noch vergeblich suchen. Derzeit ist sie praktisch nur über das Internet aus dem Ausland beziehbar. Da sie sehr einfach herzustellen ist, ist es für den Angler, der sich seine Fliegen gerne selber bindet, aber durchaus empfehlenswert, sich an den Bindestock zu setzen und sie selbst zu fertigen. Wunsch und Fantasie haben hier freien Lauf. Oder man findet in einem Tenkara-Forum jemanden, der gerne selbstgebundene Fliegen abgibt.

Ob traditionell spartanisch, nur mit Bindefaden und Feder, mit oder ohne Schwänzchen, Kopfperle, Rippung, Glanzfasern, ob ein- oder mehrfärbig, ob mit Kragen aus Straußenfieber,… erlaubt ist was gefällt und vor allem gilt: „Recht hat, wer fängt."

Abbildung 8 – selbst gebundene Kebaris: Die Hecheln sind in Richtung Vorfach geneigt

Meist werden die Kebari-Muster auf eine Hakengröße 12 (kleinerer Haken) bis 8 (größerer Haken) gebunden, man kann aber auch schon mal versuchen, eine "Mini"-Kebari auf Hakengröße 20 (sehr kleiner Haken) und eine Monster-Kebari auf Hakengröße 1/0 (sehr großer Haken) zu binden.

Abbildung 9 – Vergleich traditionelle Trockenfliege (links) und Sakasa (rechts) – beide auf Hakengröße 16

Abbildung 10 - Kebari auf Hakengröße 20

Natürlich kommen beim Fischen mit der Tenkararute auch die allseits bekannten Trockenfliegen, Nassfliegen sowie Nymphen (Larvenimitat) zum Einsatz. Ja sogar mit kleinen Streamern kann erfolgreich Tenkara gefischt werden.

Zum Thema Widerhaken:

An dieser Stelle möchte ich an alle Fischer appellieren, den Widerhaken mittels einer Zange stets an den Haken anzudrücken, abzufeilen, oder von vornherein sog. Schonhaken zu verwenden, wie es ohnehin immer mehr in Gebrauch kommt oder seitens des Lizenzvergebers immer öfter vorgeschrieben wird. Ohne Widerhaken wird der Fisch beim Entfernen des Hakens aus seinem Maul wesentlich geringer verletzt und das (Er)-Lösen des Fisches geht viel rascher vonstatten, denn meist fällt die Fliege von selbst aus dem Maul, wenn kein Zug mehr an der Schnur herrscht. Gerade wenn der Haken tief sitzt, d.h. vom Fisch komplett verschluckt wurde, ist das Lösen eines widerhakenlosen Hakens ohne weitere gröbere Verletzung des Fisches sehr leicht durchführbar und mit viel weniger Stress für das Tier verbunden. Auch müssen in vielen Gewässern die gefangenen Fische ohnehin zurückgesetzt bzw. darf nur eine kleine Anzahl an Fischen entnommen werden. Gerade hier ist es besonders wichtig, den Fisch so rasch, schonend und unverletzt als möglich zurückzusetzen.

Viele durch das Lösen eines Hakens mit Widerhaken verletzte Fische sterben bald nach dem Freilassen an den Folgen ihrer Verletzungen, die vorbeitreibenden Fischleichen bieten stets einen traurigen Anblick.

Abbildung 11 - Kebari mit entferntem Widerhaken

Und letztendlich schmerzt es den Angler auch nicht so sehr, wenn er sich mal versehentlich "selber fängt" und den Haken entfernen muss, der unter der Haut oder schlimmer noch im Fleisch oder gar im Auge sitzt!

Technik des Tenkarafischens

Der beste Weg das Fliegenfischen mit der Tenkararute zu erlernen ist sicher durch die Unterstützung eines Coaches, eines Freundes oder Bekannten, der bereits im Umgang mit diesem Gerät geübt ist.

Leider sind gerade in Österreich die Voraussetzungen hierfür kaum gegeben, da diesbezüglich (noch) fast keine Kurse angeboten werden und auch die Anzahl der „Echten Tenkarafischer" noch sehr überschaubar ist. Unseres Wissens gibt es derzeit in Österreich nicht allzu viele Personen, die „Tenkara-Flyfishing" wirklich ernsthaft betreiben.

Diverse Videos auf YouTube, oder sonstige „Ratgeber" im Internet sind mit Vorsicht zu genießen, da sie sehr oft falsche und teilweise sogar gefährliche Tipps verbreiten! Eine Internet-Seite, die ich ruhigen Gewissens empfehlen kann ist der Blog „Tenkara Austria" von Bernhard Niedermair.

Link: http://www.tenkara-austria.at

Dort wird sehr gut und leicht verständlich alles rund um Tenkara erklärt. Die Tipps sind praxiserprobt und teilweise auch mit Videos unterlegt.

Außerdem findet man dort wertvolle Gastbeiträge von erfahrenen Tenkara-Fischern sowie genaue Hinweise über Veranstaltungen zum Thema Tenkara, bei denen man sich Infos aus erster Hand holen kann!

Am Wasser

Bevor man seine Kebari auf das nasse Element setzt, sollte man sich vorerst einen Überblick über die Eignung des ins Auge gefassten Gewässers für ein Tenkara-Fischen verschaffen und sich folgende Fragen stellen:

- Ist das Gewässer bewatbar?
- Stellen verwachsene Ufer ein Problem dar?
- Ist mit Hindernissen unter Wasser zu rechnen?
- Ist der mögliche Aktionsradius meines Setups passend - kurzum: Ist ein Auswerfen der Leine sowie ein Drillen und Landen der Fische annähernd ungehindert möglich?

Die Antworten auf diese Fragen zeigen schließlich, ob es sinnvoll ist, an diesem Gewässer(abschnitt) Tenkara-Flyfishing auszuüben und mit welcher Geräteabstimmung dies geschehen sollte.

Sind diese Punkte zufriedenstellend abgeklärt, kann es losgehen.

Zunächst wird die Wurfleine mit dem Lilian an der Rutenspitze montiert (siehe Abbildung 4 auf Seite 9), das Vorfach mit der Wurfleine verbunden und die Fliege an das Vorfach geknotet.

Je nach gewählter Geräteabstimmung wird man jetzt über einen Aktionsradius von bis zu 12 m verfügen – in Ausnahmefällen über noch mehr.

Abbildung 12 – Einstieg an vielversprechender Stelle

Die Errechnung des Aktionsradius zeigt das folgende Beispiel:

Länge bestimmender Parameter	Länge in m
Körper + Wurfarm (Mittelwert, hängt von der Person ab)	1
Rutenlänge	3,9
Wurfleine	3,3
Vorfach	2
Summe	**10,2**

Es ergibt sich also ein theoretischer Aktionsradius von ca. 10 m.

Da man jedoch nicht in absolut gestreckter Körperhaltung fischt (die Rutenspitze bleibt i.d.R. angehoben), wird der tatsächliche max. Aktionsradius in unserem Beispiel bei etwa 8 m liegen.

Für einen Angler, der das Fischen mit einer Rolle gewohnt ist, mag ein solcher Radius auf den ersten Blick sehr gering erscheinen, eine Umfrage unter „klassischen Fliegenfischern" in verschiedenen Internetplattformen ergab jedoch, dass der meist genutzte Fangradius bei der Verwendung von Einhandfliegenruten in einem Bereich zwischen 5 m und 12 m liegt, wir uns also auch hier durchaus in diesem Bereich bewegen.

Die Wurftechnik bei Tenkara ist grundsätzlich die gleiche wie beim klassischen Fliegenfischen.

Sicherlich ist es gerade für den absoluten Neuling unter den Fliegenfischern etwas gewöhnungsbedürftig, dass er ohne Rolle auskommen muss und die zu werfende Leine schon beim Erstwurf[3] um einiges länger als die Rutenlänge ist, aber schon nach wenigen Versuchen hat hier selbst ein Nicht-Fliegenfischer einigermaßen Übung erlangt.

Der einfachste und am häufigsten angewandte Wurf ist sicher der Überkopfwurf. Auch der Rollwurf, oder der D-Cast, sowie diverse Trickwürfe sind möglich. Es ist alles nur eine Frage der Übung.

Weitere wesentliche Unterschiede zwischen klassischem Fliegenfischen und Tenkara sind:

- Bei Tenkara kann im Gegensatz zum klassischen Fliegenfischen die Fliege viel länger im Sichtbereich der Fische gehalten werden. Beim klassischen Fliegenfischen liegt die Wurfleine nämlich auf dem Wasser und wird somit sofort von der Strömung erfasst. Sie treibt ab und zieht Vorfach und Fliege mit, was zum sog. „Dreggen" (ein unerwünschtes „Furchen" der Fliege) führt. Beim Tenkarafischen hingegen wird versucht die Wurfleine durch Anheben der Rute so weit wie möglich von der Wasseroberfläche fern zu halten. Somit ist der Strömungsdruck auf die

---

[3] Beim klassischen Fliegenfischen wird durch mehrere unmittelbar hintereinander folgende Würfe die durch die Hand freigegebene Leinenlänge sukzessive vergrößert. Man holt mit dieser speziellen Wurftechnik wie mit einem Pendel mit jedem Wurf Schwung, um durch schrittweise fortschreitende Leinenfreigabe auf die gewünschte Wurfweite bzw. an das gewünschte Wurfziel zu gelangen. Beim Start dieser Prozedur (erster Wurf) ist die Schnurlänge, die man abgreift meist noch kürzer als die Rutenlänge.

Leine extrem gering. Die Kebari bleibt somit länger an der „fischträchtigen" Position und somit länger im Sichtbereich des Fisches, und die Kebari bewegt sich natürlicher.

- Durch das Abheben der Wurfleine von der Wasseroberfläche ist bei Tenkara stets ein mehr oder weniger direkter Kontakt zur Fliege gegeben. Dies erleichtert die Bisserkennung besonders bei Verwendung der traditionellen Sakasa Kebari, welche eine Nassfliege ist (und somit nicht eigenständig schwimmt) sowie bei der Verwendung von Nymphen. Man erkennt auch ohne zusätzliche Bissanzeiger die Bisse sehr gut und kann sehr schnell und direkt den Anhieb setzen.

Dies alles wird mit als Grund für den Erfolg beim Tenkarafischen gesehen.

Abbildung 13 - Fernhalten der Wurfleine von der Wasseroberfläche

Der Drill

Führt der Anhieb zum Haken (Einhaken) des Fisches, tritt man in die Drillphase ein.

Die Gegner von Tenkara führen immer wieder das Argument an, dass Tenkara wegen der fehlenden Rolle und der somit nicht vorhandenen Schnurreserve zu einem unnötig fischbelastenden Drill führt.

Nun, im Gegensatz zum klassischen Fliegenfischen, wo der Drill über die Bremse geführt wird, haben Tenkararuten durch ihre Bauart eine „progressive" (zunehmend sich steigernde) Widerstandswirkung auf den Fisch. Der gehakte Fisch muss nicht sofort die ganze Bremskraft der Rolle überwinden und damit ertragen. Viele Fische "schlitzen" gerade hierbei durch die plötzlich auftretende Gegenkraft aus (der Haken wird gewaltsam aus dem Maul gerissen) oder das Vorfach reißt und der so entkommene Fisch muss den Rest seines Lebens mit dem Haken und einem mehr oder weniger langen Stück Schnur im Maul verbringen (besonders wenn der Haken einen Widerhaken besitzt). Bei Tenkara erfährt der gefangene Fisch zunächst den geringen Widerstand der sich zu biegen beginnenden Rute (deshalb die Haltung der Rute mit der Spitze mehr oder weniger hoch nach oben). Dieser Widerstand erhöht sich bei den Fluchtversuchen des Fisches dementsprechend langsam aber stetig durch die immer größere werdende Biegung der Rute - sanft aber effizient.

Man kann sich diesen Vorgang ähnlich wie die Wirkungsweise eines Bungee-Seiles vorstellen, welches den freien Fall sanft abfedert und die Gegenkraft stärker werdend aufbaut. Würde das Seil das Gewicht des Springers nicht abfedern, würden die Bungeespringer den Sturz nicht überleben, da, wie wir aus der Physik (Massenträgheit) wissen, der menschliche Körper eine derart abrupte Abbremsung am Seil nicht aushalten würde.

Auffallend ist für uns, dass die Fische beim Drill mit der Tenkararute einerseits ruhiger bleiben, andererseits die Drillphase oft kürzer ist als beim klassischen Fliegenfischen und die Fische dabei fast immer vom Gewässerboden nach oben steigen. Auch die Regenerationsphase der ausgedrillten Fische scheint uns bei Tenkara kürzer zu sein als beim klassischen Fliegenfischen.

Die Landung der gefangenen Fische erfordert bei Tenkara-Flyfishing eine eigene Technik und etwas Übung. Durch das Fehlen einer Rolle und einer Leine, deren Gesamtlänge die Rutenlänge um einiges übertrifft, muss hier speziell vorgegangen werden. Aber keine Angst, es ist nicht so schwierig wie es klingt.

Wie bereits erwähnt, muss schon vor Beginn des Fischens darauf geachtet werden, ob Werfen, Drillen und Landen annähernd ungehindert möglich sind.

Durch die Überlänge der Leine ist es erforderlich, dass - NACH dem Ausdrillen des Fisches - die Rute nach hinten über die Schulter gekippt wird. Dabei muss natürlich, und hier sei noch einmal darauf hingewiesen der hierfür nötige Freiraum gegeben ist und sich nicht etwa Bäume, oder anderes Ufergewächs in Reichweite der empfindlichen Rutenspitze befinden. Auch auf Felsen, die Kontakt mit der Rutenspitze haben könnten, muss geachtet werden! Durch dieses „Nachhintenkippen" der Rute bringt man die Wurfleine automatisch in Reichweite, um sie mit der freien Hand zu fassen (siehe Abbildung 14). Die so erfasste Wurfleine führt man nun zur Rutenhand, welche die Schnur übernimmt und gemeinsam mit der Rute festhält. Je nach Länge der Leine (Wurfleine und Vorfach), wiederholt man nun diesen Vorgang, bis man den gedrillten Fisch nahe genug vor sich hat, um ihn keschern bzw. mit einiger Übung eine Handlandung durchführen zu können.

Abbildung 14 – Ergreifen der Wurfschnur bei der Landung

Dabei muss man aber ständig damit rechnen, dass der Fisch noch über Reserven verfügt und jederzeit einen neuerlichen Fluchtversuch starten kann. Dementsprechend muss man immer bereit sein, die mit der Rutenhand festgehaltene Leine los zu lassen um den Drill fortsetzen zu können!

Hat man alles richtig gemacht und auch das nötige Quäntchen Glück gehabt (welches man bei der Fischwaid immer braucht), kann man sich nun verdientermaßen über den geglückten Fang freuen, und wenn dies noch dazu auf einer selbst gebunden Sakasa Kebari gelungen ist, wird die Freude darüber noch größer sein!

Abbildung 15 - Keschern des Fisches

Abbildung 16 - Die Bachforelle, ein schöner Fisch

Allgemeine und spezielle Tipps

Zur Führung der Sakasa Kebari

Dieses besondere Fliegenmuster kann wie jede andere Nassfliege auch gefischt werden, indem man die Fliege einfach mit der Strömung abtreiben lässt. Weit wirkungsvoller wird es allerdings, wenn man der Fliege Leben einhaucht und sie gemäß ihrer dafür entwickelnden Bindeweise zum „Pulsieren" bringt. Dadurch wirkt sie unter Wasser lebendig und lockt mit ihren Bewegungen die Fische zusätzlich an.

Dieses „Pulsieren" erreicht man, indem man kurze, kleine „Zupfer" mit der Rutenspitze vollführt. Diese Bewegung überträgt sich über die Wurfleine und das Vorfach unmittelbar auf die Kebari. Allerdings müssen diese „Zupfer" wirklich extrem klein und zart ausfallen, da durch den Hebel, den die über 3 m lange Rute darstellt, diese Bewegung sehr verstärkt wird. Bei ungeübten Tenkarafischern kann man zuweilen eine zu starke und zu schnelle Bewegung der Rutenspitze beobachten, was ein eher unnatürliches „Hüpfen" der Kebari unter Wasser bewirkt und die Fische sogar verschrecken kann.

Es empfiehlt sich daher, einfach mit dem Zeigefinger der Rutenhand auf den Griff oder Blank der Rute zu tippen. Aufgrund der Leichtgewichtigkeit der Rute genügt dies normalerweise um sie in die nötige Schwingung zu versetzen, damit die Kebari ihr typisches Pulsieren ausübt.

Bruchgefahr der Rutenspitze

Moderne Tenkararuten halten sehr viel an Belastung aus. Der Drill einer großen Forelle, selbst einer die 50 cm und länger ist, stellt normalerweise kein Problem dar. Allerdings brechen die Rutenspitzen sehr schnell ab, wenn man sie grob behandelt und folgende Grundregeln nicht beachtet:

- Die Wurfleine sollte niemals bei ausgezogener Rute montiert werden. Die Gefahr, dadurch einen zu starken seitlichen Druck auf die vorderste Spitze auszuüben ist einfach zu groß! Lassen Sie die Rute zusammengeschoben, ziehen Sie nur den flexiblen Lilian heraus und sichern sie diesen mit ihrem Daumen gegen das Zurückrutschen. Sie können dann die Wurfleine ungehindert und gefahrlos anschlaufen. Beim Abbauen gilt dasselbe in umgekehrter Reihenfolge: Die Rute zusammenschieben und erst dann die Wurfleine vom Lilian abschlaufen.

- Das Auseinanderziehen und das Zusammenschieben der Rutenteile muss immer in gerader Richtung erfolgen. Ein seitlicher Druck könnte die Teile beschädigen oder zum Bruch derselben führen!

- Wenn Sie mit dem Haken an einem Hindernis hängen bleiben, egal ob am Bachgrund, am gegenüberliegenden Ufer, oder am Baum über Ihnen, versuchen Sie niemals, ihn durch Anreißen an der Rute vom Hindernis zu lösen. Immer die Rute zusammenschieben und erst dann an der von der Rutenspitze entlasteten Schnur ziehen!

Gerade bei teureren Ruten ist es empfehlenswert, gleich eine Ersatzspitze mit zu kaufen sofern nicht ohnehin eine solche im Set enthalten ist. Diese, oder gleich eine Ersatzrute sollte dann aber auch mitgeführt werden. Rutenbruch kommt leider - wenn auch selten - immer mal wieder vor. Nichts ist frustrierender, als wenn man einen schönen Tag am Wasser frühzeitig beenden muss, weil das Material gebrochen und kein Ersatz vorhanden ist und somit das Fischen eingestellt werden muss.

Ich darf an dieser Stelle anmerken, dass mir (abgesehen von Materialfehler) noch nie eine Tenkararute während des Drills gebrochen ist, eine klassische Fliegenrute hingegen schon.

Die Pflege der Schnur

Ab und zu benötigen auch Würfschnüre etwas Pflege. Hin und wieder sollten sie gereinigt und (schwimmende Schnüre) eingefettet werden. Zum Reinigen kann man handelsübliche Pflegemittel verwenden, es reicht aber oft auch schon, wenn man auf einen Lappen ein paar Tropfen Spülmittel gibt und die Leine durchzieht. Zum Einfetten nimmt man am besten sogenanntes Schnurfett.

Abbildung 17 - Typisches Schnurfett mit Pads zum Auftragen auf die Schnur

Rute pflegen

Tenkararuten sind durch die Bauweise als Teleskopruten im zusammengeschobenen Zustand gut geschützt. Man muss lediglich beim Zusammenschieben der Rute darauf achten, dass die Rutenteile sauber und trocken sind. Oft haften kleinste Sand-, oder Schmutzteilchen an, welche sich beim Auseinanderziehen der Rute zwischen den Einzelsegmenten klemmen und die Blanks zerkratzen. Das kann man im Großen und Ganzen verhindern, indem man die Rute vor dem Zusammenschieben mit einem Tuch abwischt.

Auch sollte man die Rute ab und zu zerlegen und die Einzelteile mit einem Tuch gründlich reinigen. Dabei sollte man auch gleich die Einzelteile auf Beschädigung und Risse untersuchen, sowie den Lilian in Augenschein nehmen.

Beim Zusammenbau muss man darauf achten, dass die Abschlusskappe wieder fest angeschraubt wird! Sollte sich diese beim Transport lösen, fällt die Rute auseinander!

Schlusswort

Wo wären wir heute ohne das Internet? Dieses Medium ermöglicht es uns, in kurzer Zeit auf einfache Art und Weise eine Vielzahl von Informationen zu erhalten. Auch über Tenkara existiert eine Menge an Informationsquellen im Web, leider müssen viele davon bei sachlicher Betrachtung als sehr fragwürdig eingestuft werden, besonders wenn Falschinformationen über Tenkara verbreitet werden, welche zu Negativbegründungen führen, die sachlich betrachtet nicht haltbar sind und schlimmstenfalls auch zur Ablehnung dieser sehr schönen Art des Fliegenfischens führen.

Vielleicht liegt es auch an dem geringen um nicht zu sagen bescheidenen Umfang des Equipments, das man für die Ausübung des Tenkarafischens benötigt. Mit Tenkarafischern ist so gesehen derzeit vermutlich (noch) nicht gerade das große Geschäft zu machen und es fehlt vielleicht auch (noch) so manche Lobby, die eine Werbung und Vermarktung von Tenkara vorantreibt.

Aber das mit dem bescheidenen Umfang an Equipment für das Tenkarafischen ist durchaus positiv gemeint: Nicht jeder Fischer will unbedingt immer alles vom Neuesten an Zubehör besitzen. So mancher lehnt ein überbordendes Equipment ab, während andere in gegenteiliger Auffassung immer am neuesten Stand bleiben wollen. Man denke hier nur an den hypermodern ausgestatteten Karpfenangler, der mit hochspezialisierter Ausrüstung wie elektronischem Bissanzeiger (gar per Funk), einem Extragerüst zum Aufbau seiner Phallanx an Karpfenruten, einem Zelt mit Schlaffunktion und einem Spezialstuhl mit allen möglichen mehr oder weniger brauchbaren Features auf seinem Ansitz weilt und im schlimmsten Fall – es gibt leider auch hier schwarze Schafe - ein zwar in Österreich in öffentlichen Gewässern für Fischereizwecke gesetzlich verbotenes, aber überall erhältliches Echolot zur Auffindung der Fische verwendet.

Nachwort

Über Tenkara muss sich jeder sein eigenes Bild machen. Eines aber kann mit Sicherheit gesagt werden: Tenkara ist zweifellos im Vormarsch und die Entwicklung wird sich auch bei uns in Österreich nicht aufhalten lassen. Organisatoren diverser Fischereimessen haben mittlerweile Lunte gerochen und die Spur aufgenommen. Sie bieten Standplätze für Tenkara-Präsentatoren an und wollen bei der Entwicklung des Verkaufsmarktes für Tenkara vorne mit dabei sein. In Österreich etablieren sich inzwischen Fischereimessen, die weltweit Interessenten anlocken, darunter auch Tenkara-Aussteller aus jenen Ländern, in denen Tenkara schon lange zum Alltag der Anglerwelt gehört.

Wir hoffen, wir konnten Ihnen mit dem vorliegenden Büchlein einen kleinen Einblick in das Tenkara-Fischen geben.

Sind auch Sie ganz vorne dabei - bei der Avantgarde des Tenkara-Flyfishings in Österreich.

Wie heißt es im Flyfishing – **Tight lines!**

Linksammlung

Gerne stellen wir einige Links zur Verfügung, die unserer Meinung nach einen seriösen Informationsgehalt über Tenkara bieten:

http://www.tenkara-austria.at/

Österreichischer Tenkara-Blog. Viele praxiserprobte Tipps leicht verständlich erklärt.

https://issuu.com/troutrageous1

Samlung von Tenkara-Onlinemagazine

https://www.youtube.com/watch?v=1yX-HlwVwKo

Loop-Eye binden, zur Verwendung von Haken ohne Öhr.

https://www.youtube.com/watch?v=EABLgFDWhuI

Wurfdemo

https://www.youtube.com/watch?feature=player_embedded&v=_Cf lrh-c7eM

Das „Pulsieren" der Sakasa Kebari.

Alphabetisches Sachwortverzeichnis

Aktion einer Rute   Die Aktion einer Rute beschreibt deren Steifigkeit bzw. Biegevermögen oder genauer gesagt deren Biegekurve, die sich aus der Verjüngung (Kleinerwerden des Rutendurchmessers zur Spitze hin) des Blanks ergibt.

Befindet sich diese Verjüngung fast ausschließlich im oberen Teil des Blanks, so lässt sich die Rute vor allem in diesem Bereich biegen. Man spricht von einer sogenannten *Spitzenaktion*.

Beginnt die Verjüngung des Blanks ab der Mitte der Rute so beginnt die Biegbarkeit bereits ab dort, und die Biegekurve nähert sich mathematisch einer Parabel. Man spricht von einer sogenannten *semiparabolischen Aktion*.

Beginnt die Verjüngung des Blanks bereits nach dem Handgriff, so erstreckt sich die Biegung der Rute über deren gesamte Länge. Man spricht von einer *parabolischen* Aktion.

Mit Aktion ist also nicht die Kraft oder Geschwindigkeit gemeint, mit der ein Auswurf durchführt werden kann.

Anhieb   Der Anhieb bezeichnet ein entsprechend gefühlvolles (= bzgl. der Stärke der Situation angepasstes), kurzes und ruckartiges Anheben der Rute und dient dazu, den Haken im Maul des Fisches zu verankern, wenn dieser angebissen hat (= den Fisch zu haken)

Blank   Rute ohne Zubehör, Rutenkörper. Bei modernen Ruten besteht er aus gerollten Kohlefasermatten die mit Kunstharz durchtränkt und ausgehärtet sind, manchmal auch aus Glasfaser, oder Mischmaterialien. Daneben gibt es auch Rutenkörper aus Bambus, oder anderen Holzarten, etwa Hasel.

Bremse

Gemeint ist hiermit ein in der Rolle eingebautes Bremssystem, deren Stärke an der Rolle eingestellt werden kann. Durch die Einstellung der Kraft des Schnurabzuges soll ein Reißen der Schnur verhindert werden, da die Bremse zulässt, dass sich die Rolle ab einer gewissen Zugstärke an der Schnur entgegen der Rücklaufsperre wieder rückwärts abspult, natürlich auch dann, wenn zum Einholen des Fisches dabei weiter gekurbelt wird. Dies dient hauptsächlich auch als Widerstand gegen die Fluchtversuche des Fisches beim Drill.

Da bei Tenkara keine Rollen zur Anwendung kommen, hat diese hier keine Bedeutung.

D-Cast

Auch Switch Cast genannt, eine Wurfart beim Fliegenfischen, bei dem die Wurfschnur in der Rückwärtsbewegung eine Schlaufe in „D-Form" in der Luft bildet.

Drillphase	Zeitspanne vom Haken des Fisches bis zum Landen am Ufer, in der Hand oder im Kescher. Während dieser Zeit ermüdet der Fisch durch sein Fluchtbestreben sukzessive bis er kaum noch Kraft besitzt und keinen großen Widerstand mehr leisten kann. Je nach Kraft und Ausdauer des gehakten Fisches kann diese Phase länger oder kürzer dauern. Kurz vor dem Landen kann der Fisch allerdings durch Überlebensinstinkt und Stress oft noch letzte Reserven mobilisieren, die nicht zu unterschätzen sind und nicht selten zum Verlust des Fisches in buchstäblich letzter Sekunde vor dem Keschern oder Landen führen.
Den Fisch landen	Vom Landen eines Fisches spricht man, wenn der Fisch erfolgreich aus dem Wasser gebracht werden konnte (mittels Kescher, Hand oder ans Ufer).
Hakengröße	Die Größe des Angelhakens wird durch eine Zahl ausgedrückt, wobei mit größer werdender Nummer die Haken immer kleiner werden und umgekehrt. Ein Haken der Größe 4 ist beispielsweise ein (relativ) großer Haken während ein Haken der Größe 20 ziemlich klein ist. Allerdings gibt es keine einheitliche Norm dafür, weshalb jeder Hersteller die Hakengröße selbst bestimmt. Dadurch gibt es oft erhebliche Unterschiede in der Größe zwischen Haken verschiedener Fabrikate, trotz gleicher Größenbezeichnung (vgl. auch **Abbildung 9** und **Abbildung 10** auf Seite 15).
Handlandung	Ein Landen der Fische ohne Zuhilfenahme eines Keschers. Vor allem bei kleineren Fischen angewandt.

Hecheln	Kranz aus Fiebern einer Feder, die um den Haken gewunden wird. Die beim Binden auseinander gespreizten Fiebern werden als Hecheln bezeichnet. Die Hecheln sollen Beinchen und/oder Flügel von Insekten imitieren.
	Bei Trockenfliegen dienen sie auch als Schwimmhilfe (vgl. Trockenfliegen).
Kebari	Das japanische Wort „Kebari" bedeutet frei übersetzt etwa „Feder um einen Haken gewickelt" und beschreibt eine künstlich nachgeahmte Fliege.
Kescher	Netz mit Stiel zum Heraushieven des gefangenen Fisches aus dem Wasser
keschern	Den gefangenen Fisch in unmittelbarer Nähe des Anglers in den Kescher bringen. Hierbei wird der Kescher ruhig unter Wasser gehalten und der gefangene Fisch durch entsprechendes Anheben der Rute, bzw. bei Tenkara durch gezielten Zug der Schnur mit der Hand, vorsichtig darüber geführt. Erst jetzt wird der Kescher angehoben und der Fisch somit sicher und schonend in demselben aufgefangen.
Lilian	Kleine Verbindungsschnur (Geflecht) von der Rutenspitze zur Wurfschnur
Nassfliege	Kunstfliege, die unter der Wasseroberfläche geführt wird, also absinkt und damit ein totes, oder sterbendes Insekt nachahmt (vgl. Trockenfliege).

Pitzenbauer-Ringerl	Ein Pitzenbauer-Ringerl ist ein kleiner Metallring zum einfachen und raschen Verbinden zweier Schnüre (z.B. Wurfschnur und Vorfach) und bietet den Vorteil, dass sich damit Schnüre aus unterschiedlichem Material und Durchmesser miteinander verbinden lassen (vgl. **Abbildung 7** auf Seite 13).
Reverse Hackle	Reverse Hackle bedeutet, dass bei einer Kunstfliege die Hecheln in Richtung Vorfach oder Hakenöhr aufgestellt auf den Haken gebunden sind, nicht in Richtung des Hakenbogens (vgl. **Abbildung 8** auf Seite 14. Bei Zug an der Schnur durch leichtes und kurzes Anheben der Rute stellen sich diese Hecheln auf. Es entsteht eine pulsierende Bewegung der Kunstfliege, die einen besonderen Reiz auf die Fische ausüben kann.
Rolle	Mit Hilfe einer Rolle, die am Griffteil montiert ist, wird die Angelschnur durch Kurbeln auf dieselbe aufgewickelt und damit eingeholt bzw. durch Lösen des an der Rolle befindlichen Bügels die Rolle geöffnet, um beim Auswerfen die Schnur freizugeben. Je nach Rollengröße und Schnurdicke kann eine unterschiedliche Länge an Schnur von der Rolle aufgenommen werden. Eine Tenkararute besitzt jedoch keine Rolle.
Rollwurf	Als Rollwurf bezeichnet man beim Fliegen- oder Tenkarafischen einen Auswurf, welcher nach vorne gerichtet ist („halber" Auswurf). Ein solcher ist dann erforderlich, wenn aufgrund von Hindernissen im Rücken des Anglers nicht nach hinten ausgeholt werden kann (vgl. Überkopfwurf).

Rute	Ein stockförmiges Fischereigerät, an dem eine Leine und ein Haken befestigt ist um damit Fische zu fangen. Es gibt sie in verschiedenen Längen, verschiedenen Ausführungen und aus verschiedenen Materialien (vgl. Blank).

Sakasa Kebari

Die „Sakasa Kebari" ist ein sehr fängiges japanisches Fliegenmuster, Sie besteht nur aus einem Haken, einem Bindefaden und einer weichen Feder (meist vom Fasan oder Huhn).

Im Gegensatz zu unseren westlichen Fliegenmustern werden die Hecheln aber nicht in gerader Ausführung oder in Richtung Hakenbogen aufgestellt gebunden, sondern sind in Richtung Vorfach aufgestellt eingearbeitet. Technisch gesehen ist die Sakasa Kebari eine Nassfliege, der durch die richtige Führungstechnik (pulsen) „Leben" eingehaucht werden kann (vgl. Reverse Hackle).

Die Sakasa wird auch als „Tenkara-Fliege" bezeichnet, kann aber naturgemäß auch mit einer klassischen Fliegenrute erfolgreich gefischt werden.

Salmoniden

Die Familie der Lachsfische (Salmonidae), auch Salmoniden oder Forellenfische genannt, umfasst zahlreiche Gattungen und Arten beliebter Speisefische, wie Lachse, Forellen, Renken, Äschen. Sie ist die einzige Familie der Lachsartigen (Salmoniformes) und wird in die drei Unterfamilien Coregoninae, Salmoninae und Thymallinae unterteilt.

Quelle: https://de.wikipedia.org/wiki/Lachsfische

Schlaufe-in-Schlaufe

Verbindung zweier Schnüre mit Endschlaufe durch Ineinanderschlaufen.

Schonhaken	Schonhaken sind Angelhaken ohne Widerhaken.
Steckrute	Als Steckrute bezeichnet man eine Rute, deren Teilstücke zu der fertigen Rute zusammenge-steckt werden (vgl. Teleskoprute).
Stippfischen	Angelart, die zum Ansitzfischen zu zählen ist. Beim Stippfischen wird in der Regel ohne Rolle mit einer unberingten Rute (sog. Stipprute) gean-gelt. Die Schnur ist an der Rutenspitze befestigt und nicht länger als die Rute selbst. Es werden i.d.R. kleine, oder mittlere Fische unter Verwed-nung von Naturköder gefangen. Moderne Stippruten werden ineinandergesteckt und errei-chen oft Längen über 12 Meter. Mit diesen Ruten wird nicht geworfen, sondern direkt unter der Rutenspitze gefischt. Oft haben Stippruten auch einen „Gummizug" eingebaut. Dies stellt eine Art Bremse dar. Stippfischen wird gerne als Wettkampffischen ausgeführt.
Teleskoprute:	Als Teleskoprute bezeichnet man eine Rute, de-ren Teilstücke wie eine Radioantenne ineinander geschoben werden können (vgl. Steckrute)
Trockenfliege	Kunstfliege, die über der Wasseroberfläche ge-führt wird, also schwimmt (vgl. Nassfliege)
Überkopfwurf	Als Überkopfwurf bezeichnet man beim Fliegen- oder Tenkarafischen einen Auswurf, bei dem über den Kopf nach hinten ausgeholt und die Schnur wiederum über den Kopf hinweg nach vorne geschleudert wird (vgl. Rollwurf)
Verangeln	Einen Fisch durch unsachgemäßes Vorgehen un-nötig verletzen oder gar töten

Vorfach	Ein mehr oder weniger kurzes Stück Leine vor dem Köder, deren Reißfestigkeit geringer als jene der Wurfleine ist. Als sozusagen "schwächstes Glied an der Kette" reißt das Vorfach im Falle starker Zugkräfte (z.B. bei einem Hängenbleiben des Köders an einem Hindernis) noch vor der Wurfleine
Weichhecheln	Weichhecheln sind besonders weiche, sehr bewegliche und daher beim Ziehen der Schnur im Wasser extrem empfindlich reagierende Hecheln. Meist werden dafür die Fiebern von Nacken, oder Brustfedern verwendet.
Wurfgewicht	Gesamtgewicht aus ausgeworfener Schnur, Pose wenn vorhanden, Blei sowie Köder. Bei diesem Gewicht, welches auf der Rute angegeben ist, ist eine für die Rute optimale Aufladung und damit Wurfweite gewährleistet, ohne das Rutenmaterial zu überlasten.

ANHANG

Fliegenfischgewässer in Österreich, an denen Tenkara-Fischen derzeit erlaubt ist

Grundsätzlich sollte man sich vor dem Beginn der Fischerei bei dem Gewässerinhaber, dem Gewässerpächter, bzw. bei der Lizenzausgabestelle und in den Bestimmungen des Revieres erkundigen, ob im jeweiligen Gewässer Fliegenfischen nach der Tenkara-Methode erlaubt ist!

Eine weitere Voraussetzung ist, dass Tenkara Flyfishing in dem betreffenden Revier überhaupt möglich und sinnvoll ist! (siehe Kapitel: Am Wasser auf Seite 17)

Unseres Wissens nach ist Tenkara Flyfisching in bestimmten Abschnitten folgender Gewässer *derzeit* erlaubt:

- Ager
- Große Rodl
- Große Mühl
- Alm
- Krems
- Die Gewässer von Mango Jerry Fly Fishing Gastein
- Die Gewässer der IG Traun-Ursprung in Bad Aussee
- Die Gewässer der ÖfG 1880
- Aschach
- Innbach
- Trattnach
- Traun

Die obige Auflistung erhebt keinen Anspruch auf Richtigkeit und Vollständigkeit!